МНИМЫЙ МИР

Кика

Амазон 2024

ВВЕДЕНИЕ

Общепринятыми представлениями о происхождении Вселенной и человека являются научная гипотеза Большого взрыва и эволюционная теория Дарвина. Обе эти научные разработки основаны на материалистическом мировоззрении и научной форме познания. В этой книге представлен альтернативный взгляд на эти вопросы. В его основе лежат идеалистическое мировоззрение и научно-философская форма познания [1].

По образованию я механик, кандидат технических наук. Работал инженером-конструктором, научным сотрудником, программистом. Занимал должности руководителя группы, заведующего лабораторией и заместителя начальника вычислительного центра. Разрабатывал автоматизированные системы управления заводами и научно-исследовательским институтом. С 1995 по 2022 года я работал в американской компании над созданием, совершенствованием и сопровождением Макро системы, предназначенной для увеличения производительности и качества работы программистов. Сейчас я на пенсии.

Читателю, интересующемуся мировоззренческими вопросами, безусловно, будет полезно прочесть эту книгу, так как в ней критикуется непогрешимость научной формы познания и научного знания.

Оглавление

ПРЕДИСЛОВИЕ

Мы живём в окружении большого разнообразия живых организмов (людей, животных, растений и так далее) и природных объектов Земли (гор, равнин, рек, морей и так далее). А нашу Землю окружают большое количество космических объектов (планет, звёзд, галактик и так далее). Всех их мы считаем объективными, то есть существующими независимо от нас. Мы можем воспринимать их нашими органами чувств и познавать их с помощью разума. Мы видим, что все они находится в процессе постоянного движения в пространстве и изменения во времени. Мы знаем, что все эти происходящие процессы являются следствиями определённых причин.

По какой же причине образовался весь этот материальный мир, что его ждёт впереди и каковы взаимоотношения этого мира с человеком? С целью ответа на поставленные вопросы и была написана эта книга. Она является очень кратким и более популярным изложением содержания моей книги «Человек и его Вселенная» (изданной в России и США в 2020 году), в которой раскрывается суть человека и окружающего его материального мира.

Книга названа «Мнимый мир». Если в ней идёт речь о мире, в котором мы живём, то почему он мнимый? И что означает слово «мнимый»? Мнимый означает необъективный, то есть не существующий независимо от нас. Иными словами, этот мир воображаемый, и существует он только в нас. Таким образом, не мы живём в этом мире, а мир живёт в нас. Но почему это так? В книге можно найти ответ и на этот вопрос.

Ещё древние мудрецы говорили: «Всё что наверху, то и внизу, и всё что внизу, то и наверху». Этот принцип подобия позволяет нам представить трудно представляемые объекты и процессы, сравнивая их с хорошо известными нам аналогичными объектами и процессами. Поэтому в этой книге для прояснения трудно представляемых вещей очень широко будут использоваться аналогии.

Для облегчения понимания книги все используемые в ней понятия имеют пояснения, указывающие, какой смысл вкладывается в данное понятие. Эти пояснения приводится только при первом употреблении данного понятия. Кроме того, все эти понятия с их определениями приводятся в алфавитном порядке в разделе «Используемые понятия».

И, наконец, в некоторых местах текста имеются авторские четверостишия, иллюстрирующие высказанную мысль.

Глава 1. Источники наших знаний

Принято считать, что основным источником наших достоверных знаний о материальном мире является наука. Наука в современном понимании начала складываться с XVI— XVII веков. В ходе исторического развития её влияние вышло за рамки развития техники и технологии. Наука превратилась в важнейший социальный, гуманитарный институт, оказывающий значительное влияние на все сферы общества и культуру. Объём научной деятельности с XVII века удваивается примерно каждые 10—15 лет (рост открытий, научной информации, числа научных работников) [2].

Научное знание

Научное знание — это знание, полученное научной формой познания. Эта форма познания базируются исключительно на экспериментальных данных. Знания, полученные научной формой познания, считаются достоверными, потому что они хорошо согласуются с многократно проверенными фактами. Что же такое факты?

Факты — это информация, полученная с помощью наших органов чувств или научных приборов. Но, во-первых, мы знаем, что наши органы чувств имеют ограничения, которые не позволяют нам воспринять факты такими, какими они являются. Научные приборы расширяют возможности наших органов чувств. Однако, и они имеют свои ограничения, поэтому информация, полученная с помощью научных приборов, также не всегда является истиной. Примером может служить анизотропность пространства, которая воспринимается научными приборами как изотропность (смотри параграф «Пространство» главы 8 «Оценка истинности научных знаний»). Или другой пример. Реальными траектории инерционного движения является либо волновая, либо винтовая линия, либо более сложная линия, состоящая из участков винтовых и волновых линий (смотри параграф «Пространство» главы 7 «Творение материи»). Однако, они нам кажутся прямыми линиями, поскольку научные приборы не могут зафиксировать ни амплитуду волновых линий, ни диаметр винтовых линий из-за их ничтожных размеров. Можно привести и другие примеры.

Отсюда следует сделать вывод, что факты, которые многократно подтверждаются, не всегда являются истинными. А во-вторых, следует отметить, что одни и те же факты можно объяснить не единственным, а различными способами. Поэтому объяснение, которое принимает наука, тоже не всегда оказывается верным. Эти два обстоятельства приводят к тому, что научному знанию не следует особенно доверять, так как оно не является гарантированно истинным. Если не исправлять ложного объяснения, то при появлении новых фактов придётся и дальше идти ложным путём. В этом случае неизбежно придётся придумывать несуществующие явления, чтобы объяснить новые факты.

Иллюстрацией ложного объяснения фактов может служить астрономия древнегреческого учёного К. Птолемея, которая просуществовала около 14-ти столетий. Астрономия К. Птолемея объясняла движение всех известных в то время небесных объектов Солнечной системы и предсказывала их расположение на небе. Неоспоримый факт движения небесных тел объяснялся вращением этих тел вокруг Земли, что было опровергнуто Н. Коперником лишь в XVI веке.

Ярким примером развития науки ложным путём является неправильное объяснение факта сближения материальных тел. Этот факт объяснили наличием у материальных тел гравитационного поля, благодаря которому тела притягиваются друг к другу. Такое притяжение назвали гравитационным взаимодействием. Но в природе нет никакого притяжения, а есть лишь видимость притяжения. Истинная причина сближения двух тел иная, о чём будет сказано ниже в параграфе «Взаимодействие» главы 7 «Творение материи». Поскольку это ложное объяснение сохранилось, то при появлении новых фактов, не согласующееся с этим гравитационным взаимодействием, пришлось придумать не существующие в природе электрические заряды, которые взаимодействуют по новому (уже второму) типу взаимодействия — электромагнитному. Естественно, что это искусственно придуманное взаимодействие оказалось непригодным для объяснения явлений, происходящих в ядре атома. С целью объяснения этих явлений снова пришлось придумать не существующие в природе ядерные силы, действующие по новому (теперь уже третьему) типу взаимодействия — сильному ядерному. Далее появился ещё один новый (четвёртый) тип взаимодействия — слабое ядерное.

Эти примеры наглядно иллюстрируют важность нахождения правильного объяснения имеющихся фактов и недопустимость принятия первого объяснения за истину в последней инстанции.

ЗНАНИЯ ДРЕВНИХ ЦИВИЛИЗАЦИЙ

Среди других источников знаний заслуживает внимания знания самых древних цивилизаций.

Первые три цивилизации: шумерская, египетская и индская появились почти одновременно вскоре после Потопа, который произошёл 13000 лет тому назад. Самой большой из них была индская цивилизация, которая в два раза превышала первые две цивилизации вместе взятые [3]. Представители этих цивилизаций зачастую знали больше современных учёных. Например, документально подтверждено, что им была известна гелиоцентрическая система мира, которая была принята современной наукой только в 1643 году после издания основного труда Н. Коперника «О вращении небесных сфер». Им была также известна Антарктида, открытая лишь в 1820 году. Они знали о планете Плутон, которая была открыта современной наукой лишь в 1930 году. Более подробную информацию по этим вопросам можно получить из книги З. Ситчина «Двенадцатая планета» [4].

Древние люди, действительно, много знали и умели. Особенно поразительны их достижения в астрономии. Вот некоторые из них:

- периодически корректируемый 12-месячный лунно-солнечный календарь (конец 24 века до н. э.), по точности не уступающий современному Григорианскому календарю, впервые введённому лишь в 1582 году;

- точные математические формулы и достоверные таблицы солнечных и лунных затмений;

- размеры и расположение планет солнечной системы, включая и Плутон, открытый лишь в 1930 году;

- Плутон был спутником Сатурна, а не Нептуна, как считают современные астрономы, видимо, потому что Нептун является ближайшей планетой к Плутону;

- между Марсом и Юпитером расположена вытянутая орбита ещё одной большой планеты, приближающейся к солнечной системе каждые 3600 лет, о чём пока современные астрономы не знают;

- эллиптичность орбит планет, ставшая известной науке лишь в 1609 году, когда была опубликована «Новая астрономия» Кеплера с изложением основ новой небесной механики;

- наличие спутников у Юпитера, открытых Галилеем лишь в 1620 году;

- наличие колец у Сатурна, обнаруженных Гюйгенсом лишь в 1655 году;

- наличие у Сириуса А двойника – Сириуса В, что стало известно современной астрономии лишь в 1862 году;

- период вращения Сириуса А и Сириуса В вокруг общего центра составляет приблизительно 50 земных лет, что хорошо согласуется с современными данными – 49 лет и 11 месяцев;

- очень высокая плотность вещества у Сириуса В, что было обнаружено астрономами из обсерватории Маунт-Вильсон лишь в 1915 году.

Кроме того, древние люди знали Америку и заселили её, а Колумб впервые прибыл лишь в 1492 году, причём Колумб принял эти новые земли за Восточную Азию – окрестности Китая, Японии или Индии. Им также была известна Антарктида, которую они нанесли на карту с подробными контурами береговых линий и характерными особенностями рельефа. Эти сведения очень близки к сведениям о скрытой подо льдом поверхности материка, картографированные лишь в 1958 году специалистами из разных стран.

Древние люди умели строить каменные сооружения из блоков, вес которых составлял несколько сотен тонн, причём укладка каменных блоков производилась без использования скрепляющих их растворов и с такой точностью, что в стыки между блоками не проходит лезвие складного ножа. Наиболее величественными из них являются руины Баальбека в Ливане. Вес наиболее крупных каменных блоков, находящихся на восьмиметровой высоте, составляет 750 тонн, а размеры 19,1 x 4,3 x 5,6 м. Поверхности блоков идеально обработаны. А на каменоломне в полукилометре от сооружения находится самый большой в мире обработанный камень весом около 1200 тонн и размерами 21,5 x 4,8 x 4,2 м.

Таких примеров можно привести множество. Это свидетельствует лишь о том, что знаниям, дошедших до нас от древних цивилизаций, можно доверять. По признанию древних людей эти знания они получили от высокоразвитых инопланетян, которых они приняли за богов. Не вызывает никакого сомнения, что те инопланетяне намного опережали нас в своём развитии.

Изложенные в данной книге представления о человеке и духовной природе заимствованы из самых древних писаний, дошедших до нас от Индской цивилизации. Вéды — сборник самых древних священных писаний индуизма на санскрите. Веды составлялись в течение периода, который продолжался около тысячи лет. Он начался с составления «Ригведы» около XVI века до н. э. Большинство учёных сходятся на том, что до того, как Веды были записаны, в течение многих веков существовала устная традиция их передачи [5]. «Махабхáрата» — древнеиндийский эпос на санскрите, одно из крупнейших литературных произведений в мире. Состоит из восемнадцати книг и содержит более 75 000 двустиший, что в несколько раз длиннее «Илиады» и «Одиссеи» вместе взятых. Если за основу взять действующее ведийское времяисчисление, то война «Махабхараты», согласно представлениям индусов, состоялась в конце IV тыс. до н. э. [6]. «Бхагавадги́та» — памятник древнеиндийской религиозно-философской мысли на санскрите, часть шестой книги «Махабхараты», состоит из 18 глав и 700 стихов. Он является одним из базовых текстов индуистской философии [7]. Его перевод [8] был использован при написании этой книги, наряду с другими знаниями людей самых древних цивилизаций.

ГЛАВА 2. ВСЕЛЕННАЯ

Современная наука определила состав Вселенной. Большая часть Вселенной (74%) состоит из неизвестной науке энергии, которую назвали темной. Всё остальное (26%) занимает материя. Мы её будем называть грубой, потому что кроме грубой материи, есть ещё и тонкая материя, о чём будет сказано ниже в главе 4 «Человек». Наука не признаёт существование тонкой материи, поэтому грубую материю она называет просто материей.

Большая часть грубой материи (около 85%) науке неизвестно. Её также назвали тёмной. Таким образом, тёмная материя составляет 22% Вселенной. Известная науке грубая материя составляет всего 4% Вселенной. Современные космологические теории не допускают существования галактик без тёмной материи. Однако, за последние годы астрономы открыли около двух десятков галактик, в которых темная материя или полностью отсутствует, или же присутствует в неожиданно малых количествах. Это привело учёных в тупик.

Кроме того, в космосе были обнаружены огромные пустые пространства, протяжённостью в миллионы световых лет. А самое большое пустое пространство было обнаружено американскими астрономами в 2007 году [9]. Назвали его «великое ничто», из-за отсутствия в нём какой-либо материи. И учёные опять оказались в тупике, так как считали пустоту невозможной. Протяжённость этого «великого ничто» составляет 1 млрд световых лет. Чтобы представить себе это огромное расстояние, надо знать, что только один световой год равен 9,5 триллионов километров. В нём может уместиться расстояние между Землёй и Солнцем 63 тысяч раз. И это только один световой год, а это обнаруженное пространство занимает расстояние миллиард световых лет, то есть в миллиард раз больше.

О природе тёмной энергии, тёмной материи, галактик без тёмной материи и пустых пространств будет сказано ниже в соответствующих параграфах главы 8 «Оценка истинности научных знаний». Таким образом, науке известно всего 15% грубой материи. Что же такое грубая материя?

ГЛАВА 3. ГРУБАЯ МАТЕРИЯ

1. Вселенная состоит из галактик, между которыми находится сильно разрежённый газ. Кроме того, в космосе имеются огромные пустые пространства, о которых было сказано выше в главе 2 «Вселенная».

Вселенная постоянно расширяется, что объясняется Большим взрывом, происшедшим миллиарды лет назад. Учёные были уверены, что расширение Вселенной замедляется, как это происходит при обычном взрыве.

Но в конце прошлого столетия обнаружилось, что Вселенная расширяется ускоренно. Это оказалось совершенно неожиданным для всех физиков. Поэтому физики предположили существование неизвестной энергии, которая однородно наполняет пустое пространство. Они её назвали тёмной энергией [10].

Наконец, все грубо-материальные образования (тела) имеют конечные размеры и ограниченную продолжительность существования. А Вселенная не имеет границ и будет существовать вечно.

2. Грубая материя дуальна. Кроме обычной материи есть ещё и антиматерия. Антиматерия — вещество, состоящее из античастиц, реально стабильно не образующееся в природе. Но на

сегодняшний день наблюдаемая асимметрия вещества и антивещества во вселенной — одна из самых больших нерешённых задач физики [11]. Кроме того, грубая материя состоит из массы, вокруг которой находится безграничное поле. Масса обладает инерцией, а поле — энергией. Инерция при отсутствии внешних сил позволяет массе двигаться прямолинейно с постоянной скоростью, а энергия позволяет полю совершать работу. Дуальность грубой материи абсолютна, так как она проявляется во всём. Например, движение и покой, много и мало, вперёд и назад, прошлое и будущее, сила и слабость, свет и тьма и так далее.

3. Грубая материя не хаотична, а организована в различные структуры, такие как: галактики, звёздные системы, молекулы, атомы и так далее. Структуры состоят из составных частей (условно назовём их квантами), без которых эти структуры существовать не могут. Иными словами, грубо-материальные объекты квантованы. Так, Вселенная (или Метагалактика) состоит из галактик, галактики — из звёздных систем, звёздные системы — из планет, планеты — из химических веществ, химические вещества— из молекул, молекулы — из атомов химических элементов, атомы химических элементов — из элементарных частиц.

Структуры, принадлежащие разным мирам (например, макромиру и микромиру), могут быть похожи друг на друга. Примером может служить схожесть структур атома и звёздной системы, или структуры кристаллического вещества и клеточной структуры живого организма.

4. Пространство не квантовано (то есть не имеет составных частей), а непрерывно, но может искривляться под действием материи. Кроме того, его свойства не зависят от направления, что называется изотропностью.

5. Масса тела также не квантовано и увеличивается при движении со скоростями, близкими к скорости света. Масса обладает инерцией, что позволяет телу двигаться без приложения внешней силы.

6. Движение также не квантовано, а непрерывно и имеет предельную скорость, равную скорости света. Траектория движения частичек света (фотонов) прямолинейная. Скорость света не зависит от взаимного сближения или удаления источника света и наблюдателя. И при скоростях движения, близких к скорости света, сложение скоростей (при встречном движении) и вычитание скоростей (при попутном движении) не происходит. Иными словами, принцип относительности Галилея не соблюдается.

7. Время также не квантовано, а непрерывно, но замедляется при очень больших скоростях движения.

8. Тела, благодаря наличию у них безграничных полей, могут непосредственно взаимодействовать друг с другом. Безграничное взаимодействие тел всегда происходит, благодаря одной силе. Но эта сила взаимодействия в зависимости от расстояния между телами имеет разные причины своего возникновения. При больших расстояниях (в макромире) причиной является гравитация, при малых расстояниях (в микромире) — электромагнетизм, а внутри ядра атома — сильные и слабые ядерные силы.

9. Грубая материя машинальна, так как у неё нет сознания. Она действует лишь в соответствии с законами грубо-материальной природы. А законы зависят от скорости движения. При скоростях близких к скорости света законы меняются (масса увеличивается, время замедляется, принцип относительности изменяется и так далее).

10. О природе тёмной энергии, тёмной материи, галактик без тёмной материи и пустых пространств науке ничего неизвестно.

11. Живые существа, включая человека, полностью состоят из грубой материи и после смерти исчезают навсегда.

Глава 4. Человек

Жизнь как страдание

Находясь в утробе матери, мы даже не подозреваем, что кроме этого уютного и безопасного места, в котором мы благополучно находимся, есть ещё и другой большой мир, в котором нам предстоит прожить всю свою жизнь полную страданий. Страдаем мы в момент рождения, когда нас безжалостно отрывают от привычного беззаботного места. Страдаем и в первые месяцы нашей жизни, когда мы не можем сказать своим родным о том, что у нас болит, что мы хотим, что нам не нравится. Страдаем мы и тогда, когда научившись разговаривать, взрослые далеко не всегда воспринимают нас всерьёз. Когда становимся молодыми людьми, страдаем мы от безответной любви и ревности. Женщинам приходится страдать и во время родов, а молодые родители страдают от бессонных ночей. Страдаем мы и во время болезней, голода, холода, эпидемий, стихийных бедствий, войн. Наконец, всю жизнь мы страдаем и от несправедливости, которая окружает нас как воздух, и потому, что за все нам приходится чем-то платить.

В последние годы жизни наши страдания увеличиваются из-за участившихся случаев заболеваний, ощущения старческой немощи и одиночества (несмотря на наличие близких людей). И этот поток бесконечных страданий продолжается до последних минут нашей жизни, когда мы страдаем не только от физической боли, но и от неудовлетворённости прожитой жизнью, и от чувства невыполненного долга.

Одним словом, жизнь наша — это одно страдание. А в чём причина наших страданий? Ответ на этот вопрос можно найти ниже в главе 5 «Дух».

ДУША

По сравнению с грубой материей человек устроен гораздо сложнее, так как у него кроме видимого грубо-материального (физического) тела есть ещё более существенная часть — невидимая душа. Душа использует физическое тело как инструмент для своей деятельности:

> А моё тело — инструмент лишь,
> И без души оно — предмет.
> Коль ты его в земле схоронишь,
> То не скорби: меня там нет.

Что же такое душа? Душа состоит из Индивидуального духа и тонко-материальной личности. Представить тонкую материю достаточно трудно, так как все наши понятия связаны с грубой материей. Помимо того, что тонкая материя невидима, она не обладает массой, которая нуждается в движении и пространстве. Личность состоит из интеллекта, обладающего способностью мыслить, эго, обосабливающее личность от всего окружения и ума, обладающего ментальностью и эмоциональностью. Индивидуальный же дух имеет духовную природу. О духовной природе будет сказано в следующей главе 5 «Дух». А сейчас следует отметить, что в душе подавляющего большинства людей лидирующее положение занимает личность, а не Индивидуальный дух, хотя Индивидуальный дух является нашим истинным «Я», то есть фактической сущностью человека. В отличие от изменчивого явления, сущность всегда неизменна и невидима. Физическое тело человека очень недолговечно. Продолжительность же жизни души исчисляется миллиардами лет. За такую долгую жизнь душа многократно испытывает зарождение и смерть тела.

ГЛАВА 5. ДУХ

Духовную природу (или просто дух) представить ещё труднее, чем тонкую материю, потому что она не только не видна, но и имеет совершенно другую природу — нематериальную. Дух существует не только вне пространства, но и вне времени. Поэтому он не только бесконечен, но и неподвижен, и вечен. Дух представляет собой триединство Высочайшего, Высшего и Индивидуальных духов. Его можно сравнить с многодетной семьёй, в которой Высочайшей дух — это отец, Высший дух — мать, а Индивидуальные духи — дети. Его также можно сравнить и с деревом, в котором Высочайшей дух — это корень, Высший дух — ствол, а Индивидуальные духи — ветки дерева.

 Дух может находиться в непроявленном или в проявленном состояниях. Высочайший дух постоянно находится в непроявленном состоянии. Высший дух может находиться как в непроявленном, так и в проявленном состояниях. Когда Высший дух находится в проявленном состоянии, то это состояние называется Днём Высшего духа. Когда же Он находится в непроявленном состоянии, то это состояние называется Ночью Высшего духа. Таким образом, состояния Высшего духа чередуются как у нас происходит смена дня и ночи.

С наступлением Дня появляются Индивидуальные духи. Они находятся в проявленном состоянии. Затем они привязываются к тленной тонкой материи (личности) и, образуя душу, теряют своё бессмертие (смотри ниже параграф «Тонкая материя» главы 7 «Творение материи»):

> Мы говорим: душа бессмертна.
> А так ли это или нет?
> Но вся материя ведь тленна,
> Хоть и живёт миллиарды лет.

Поэтому с наступлением Ночи, когда Высший дух переходит в непроявленное состояние, Индивидуальные духи погибают:

> Душа есть дух, который с телом
> Надёжно связан навсегда,
> И потому он с бренным телом
> Не станет вечным никогда.

Объясняется это тем, что Индивидуальные духи, будучи связанными с тленной тонкой материей, могут находиться лишь в проявленном состоянии.

Связь Индивидуальных духов (то есть нас) с материей превращает нашу жизнь в одно страдание (смотри выше параграф «Жизнь как страдание» главы 4 «Человек»). Для того, чтобы освободиться от страданий и вернуть себе былую вечность нам необходимо освободиться от связи с пленной материей:

Лишь только тот, кто сможет цепь ту,
Наш дух сковавшую, порвать,
Внесёт решающую лепту
В то, чтоб свободным духом стать.

В этом и заключается смысл жизни человека:

Вот в этом смысл жизни грешной:
Свободный дух приобрести,
Не возвращаться к жизни прежней,
Чтобы бессмертье обрести!

Если при жизни в одном из его многочисленных тел кому-то удаётся освободиться от связей со своей тленной личностью, то такой человек становится свободным. Душа со свободным духом перестаёт использовать тело, так как тело нужно душе именно для достижения освобождения духа. Такая душа выходит из цикла рождения и смерти тела. Она живёт без тела до конца Дня. С наступлением же Ночи такая душа распадается на две части. Личность погибает, а свободный дух переходит в непроявленное состояние и сливается с вечным Высочайшим или Высшим духом.

Как видим, дух обладает качествами диаметрально противоположными качествам грубой материи. В нём не только отсутствует пространство, движение и время, но и нет дуальности, структуры, составных частей и их связей. Но зато он живой и обладает сознанием. Поскольку духовная природа существует независимо от сознания, то она является объективной реальностью, то есть бытием. Что же такое сознание?

СОЗНАНИЕ

Сознание можно сравнить с зеркалом, в котором отражается всё, что перед ним находится. Если зеркало идеальное, то отражение в зеркале является копией того предмета, который перед ним находится. Без такого зеркала не будет копии предмета, а подлинник останется.

Если же зеркало слишком некачественное (стекло непрозрачное, неровное, негладкое, запачканное и серебро слишком некачественное), то в таком зеркале отражение будет сильно искажено. Вообще ничего общего между этим отражением и тем предметом, который находится перед зеркалом, не будет. Такое отражение не будет соответствовать ничему в природе, а будет находиться только в зеркале. Без такого зеркала оно существовать не будет, так как оно есть порождение этого зеркала.

Сознание, то есть духовная энергия — это основное качество духа, способное осуществлять духовную деятельность. Высочайший и Высший духи не только способны отражать и познавать всю духовную природу, но и творить реальность. Эта реальность является духовной по своей природе. Создаётся эта реальность в сознании Высшего духа и может находиться там, пока Высший дух находится в проявленном состоянии, то есть в течение Дня. С наступлением Ночи эта реальность исчезает. Для Высшего духа эта реальность является субъективной, а для нас — объективной, поскольку она не находится в нашем сознании.

В отличие от Высочайшего и Высшего духов наше сознание сильно ограничено, поэтому мы не в состоянии ни отражать, ни тем более познавать духовную природу. Мы в состоянии лишь отражать и изменять творение духовной природы. Но подобно некачественному зеркалу мы отражаем творение духовной природы слишком искажённо. Такое отражение будет существовать лишь в нашем сознании и больше нигде. А изменение творения духовной природы есть ничто иное как наше творчество (сочинение, проектирование, изготовление, ваяние, рисование, написание картин и так далее).

Глава 6. Материальная природа

Творение Высочайшего и Высшего духов является духовной сутью материальной природы. А представляется нам эта духовная суть искажённо в виде явления, то есть в виде материальной природы. Поскольку материальная природа существует лишь в нашем сознании, то она субъективна, воображаема, мнима. Иными словами, материальная природа объективно не существует. Она существует только в нас

Глава 7. Творение материи

Поскольку мы не в состоянии не только познать духовную суть материальной природы, но и даже правильно отразить её в своём сознании, то творение материи мы можем описать лишь как явление, то есть так, как это представляется нашему сознанию.

Тонкая материя

С наступлением Дня сначала появляются Индивидуальные духи, а потом происходит творение материи. Творение начинается с создания духовной сути тонкой материи. Сперва появляется духовная суть интеллекта, затем - эго и, наконец, - ума. В нашем сознании эти сути проявляются как интеллект, эго и ум. Из этих тонко-материальных тел формируется наша личность, которая привязывает нас к себе, образуя нашу душу. Таким образом, в нашей душе мы не свободны, а прикованы к тленной тонко-материальной личности. Это приводит к тому, что мы, вечные по своей духовной природе, теряем своё бессмертие и становимся как и наша личность смертными.

ПРОСТРАНСТВО

Процесс творения грубой материи можно сравнить зачатием детёныша. Творение начинается с того, что Высший дух создаёт огромное множество одинаковых ячеек пространства (квантов пространства). Их можно сравнить с яйцеклетками. Как и всё в материальной природе, кванты пространства имеют свою форму и содержание. По форме кванты пространства представляют собой правильные двенадцатигранники. А содержанием квантов пространства являются кванты эфира, обладающие квантами потенциальной энергии. Из этих квантов пространства Высший дух создаёт огромное, но ограниченное пространство без пустот, которое называется пра-эфиром.

В таком пространстве каждый квант пространства контактирует с двенадцатью такими же квантами пространства. Каждый квант пространства сообщается только с четырьмя соседними квантами пространства, а от остальных восьми соседних квантов пространства он изолирован. Это приводит к образованию двух изолированных друг от друга одинаковых сетей сообщающихся квантов пространства (или двух полупространств). Поскольку эти полупространства изолированы друг от друга, то мнимая точка, перемещающаяся по одному полупространству никак не может попасть в другое полупространство.

Что касается траектории движения точки, то в четырёх направлениях траектория представляет собой волновую линию, а в четырёх других — винтовую линию. При движении в любом другом направлении, траектория движения превращается в ломаную линию, каждый участок которой представляет собой либо волновую, либо винтовую линию. Но перемещаться по прямой линии в таком полупространстве невозможно. Зависимость траектории движения от его направления, свидетельствует о том, что пространство не является изотропным. Так появляется пра-эфир. Более подробно о пространстве написано в работе [12].

МАССА

Затем Высочайший дух как из лука обстреливает большим количеством стрел это ограниченное поле пра-эфира, только вместо стрел Он направляет на пра-эфир активную жизненную силу (прану, которую можно сравнить со сперматозоидом). Жизненная сила имеет своё определённое направление. При воздействии праны на квант эфира, последний резко сжимается, превращаясь в квант материи. Этот процесс аналогичен оплодотворению яйцеклетки и появлению зародыша. И, если в одном кванте пространства располагался всего один квант эфира, то из-за сильного сжатия кванта эфира в одном кванте пространства может разместиться большое количество квантов материи. Масса кванта материи равна одному кванту массы. Масса придает кванту материи инерцию, которая позволяет ей двигаться в заданном направлении без приложения внешней силы (смотри ниже параграф «Движение и время»). Один квант массы обладает одним квантом инерции.

Таким образом, квант массы представляет собой законсервированную потенциальную энергию кванта эфира. Энергия кванта массы является квантом потенциальной энергии. Так образуется масса.

ДВИЖЕНИЕ И ВРЕМЯ

Масса придаёт кванту материи инерцию, благодаря которой происходит смена состояний данного кванта пространства и соседнего по направлению действия жизненной силы кванта пространства. В первом кванте пространства, в котором образовался квант материи, квант материи заменяется на квант эфира, а во втором кванте пространства квант эфира заменяется на квант материи. Создаётся впечатление движения кванта материи из первого кванта пространства во второй. А на самом деле никакого движения не происходит, а происходит только изменение состояния двух соседних квантов пространства. Расстояние между центрами двух соседних квантов пространства называется квантом расстояния. Смена состояния среды происходит за очень короткий промежуток времени, который называется квантом времени. Получается, что за один квант времени квант материи перемещается на расстояние, равное одному кванту расстояния. Скорость движения кванта материи в этом случае получается минимально возможной скоростью, которая называется квантом скорости.

Если на пути кванта материи попадается разрежённый квант пространства (смотри ниже параграфе «Поле»), то скорость движения кванта материи увеличивается в два раза. Объясняется это тем, что за один квант времени квант материи проходит не один, а два кванта расстояния. При двух и более разрежённых квантов пространства, скорость движения кванта материи увеличится в три и более раз. Таким образом, движение — это прерывистая смена состояния среды, а не нечто непрерывное, как нам кажется. Так появляется движение и время в материальной природе.

РОСТ ЧАСТИЦ

Поскольку жизненные силы имеют разные направления, то они придают движение квантам материи в разных направлениях. Это приводит к тому, что в один и тот же квант пространства могут попасть два кванта материи, образуя частицу, у которой масса будет равна двум квантам массы, инерция — двум квантам инерции, а потенциальная энергия — двум квантам потенциальной энергии. Так происходит рост материальных частиц.

ЭНЕРГИЯ

С ростом материальной частицы растёт её масса, инерция и потенциальная энергия. Сколько квантов материи содержит частица столько же квантов массы, инерции и потенциальной энергии будет у этой частицы. Вместе с движением появляются скорость движения и кинетическая энергия, которая зависит от массы материальной частицы и квадрата скорости её движения. Полная энергия движущейся материальной частицы равна сумме её потенциальной и кинетической энергии.

ПОЛЕ

Так как квант пространства, в котором появились два кванта материи, имел всего один квант эфира, то этот квант эфира может оказаться только в одном из двух квантов пространства, в которых находились эти два кванта материи. Другой квант пространства окажется без энергии (кванта эфира), то есть разрежённым. Такой квант пространства называется вырожденным. С образованием более крупных частиц количество вырожденных квантов пространства вокруг этой частицы увеличивается. Так вокруг материальной массы образуется поле, в котором концентрация вырожденных квантов пространства по мере удаления от материальной частицы уменьшается. Это поле имеет границы, за пределами которых нет ни одного вырожденного кванта пространства. Оно перемещается вместе с частицей как одно целое. У кванта материи нет поля, что затрудняет его обнаружение.

Поле окружено пра-эфиром, который со всех сторон воздействует на него одинаково. Благодаря такому воздействию, поле находится в равновесии. Однако, если это равновесие будет нарушено, то появится сила, которая вызовет движение поля в направлении действия силы (смотри ниже параграф «Взаимодействие»).

ПРЕДЕЛЬНАЯ СКОРОСТЬ ДВИЖЕНИЯ

Пока частица умещается в одном кванте пространства, она за один квант времени может оказаться в следующем неразряжённом кванте пространства. Но с увеличением размера частицы ей потребуется второй квант пространства. Для перемещения этой частицы на такое же расстояние потребуется уже два кванта времени, так как за один квант времени сможет поменять своё состояние только первый из двух занятых частицей квантов пространства. В результате смены состояния в первом кванте пространства окажется квант эфира. И только после этого ещё за один квант времени второй занимаемый частицей квант пространства сможет поменять своё состояние с первым квантом пространства.

С дальнейшим увеличением размера частицы ей потребуется третий и последующие кванты пространства. Так формируется клеточная структура материи и происходит дальнейшее снижение предельно возможной скорости движения тел.

Взаимодействие

С появлением у материальных частиц полей (с вырожденными квантами пространства), появляется возможность взаимодействия частиц с пра-эфиром. Пока частицы маленькие, размеры их полей тоже сильно ограничены. При большом расстоянии между такими частицами, их поля находятся в состоянии равновесия с окружающим их пра-эфиром. Такие частицы двигаются по инерции в разных направлениях. Но при таком хаотичном движении частиц может создаться ситуация, при которой они настолько приблизятся друг к другу, что их поля пересекутся. В этом случае каждое поле начинает испытывать силу, которая направляет его к центру другой частицы. При этом создаётся впечатление взаимодействия двух частиц между собой. Почему же появляется это кажущееся взаимодействие?

Представим себе такой эксперимент. В находящейся в состоянии невесомости воде имеются два воздушных шара. Если шары не касаются друг друга, то они остаются неподвижными, так как находятся в равновесии с окружающей их водой. Но, если шары пересекаются, то их равновесие с водой будет нарушено, так как со стороны пересечения шаров на них перестанет давить вода. В этом случае на каждый шар начнёт действовать сила, направляющая его к центру другого шара, что приведёт к их слиянию.

Аналогичная картина происходит и с частицами, движущимися в пра-эфире. Пока не произошло пересечение полей частиц, они испытывали одинаковое воздействие пра-эфира со всех сторон и находились в равновесии. А при пересечении полей это равновесие нарушится, так как с одной стороны на поле продолжает действовать праэфир, а с другой стороны, где произошло пересечение полей, действует разрежённое поле другой материальной частицы. Это нарушение равновесия и является причиной появления двух сил, каждая из которых воздействует на одно из двух полей. Это воздействие способствует движению поля частицы к центру другой частицы. Создаётся впечатление притяжения частиц друг к другу, хотя на самом деле частицы между собой не взаимодействуют. В действительности, на поле каждой частицы воздействует пра-эфир, причём, возможно, с разными силами.

Эта сила является единственной активной силой в природе, и она объясняет все известные виды взаимодействия: гравитационное, электромагнитное и два ядерных взаимодействия (сильное и слабое). Все остальные силы являются лишь следствием действия этой единственно активной силы.

Космические тела

Сила взаимодействия способствует слиянию материальных частиц и резко ускоряет процесс образования крупных тел. Так появляются сперва маленькие, а потом всё более крупные космические тела (планеты звёзды и галактики).

СМЕРТЬ МАТЕРИИ

Как указывалось выше в главе 6 «Материальная природа», материя субъективна, поскольку она существует лишь в нашем сознании. Поэтому с наступлением Ночи вместе с нашей гибелью исчезает и материя.

Теоретически материя может погибнуть и до наступления Ночи. В этом случае возможны два варианта.

Вариант 1. Поскольку пространство ограничено, а Высочайший дух обильно поливает его жизненной силой, то может оказаться ситуация, когда все кванты эфира будут преобразованы в кванты материи. В этом случае кванты пространства, в котором находятся кванты материи, не смогут поменять своё состояние, так как не окажутся квантов пространства с квантами эфира. Иными словами, кванты материи не смогут двигаться. А с исчезновением движения остановится и время, поскольку время есть мера движения. Останется только одно застывшее пространство, как неподвижное тело умершего существа.

Вариант 2. В каком бы направлении ни двигались галактики, при ограниченном пространстве рано или поздно все они достигнут границы пространства и остановятся. Так наступит смерть материи, так как исчезнут движение и время.

Глава 8. Оценка истинности научного знания

При сравнении представлений науки о Вселенной с действительностью (творением материи Высочайшим и Высшим духами) можно отметить следующие различия.

Вселенная

Вселенная не бесконечна и не вечна, как считает наука, а она ограниченна в пространстве и во времени. Она только кажется бесконечной и вечной по причине слишком больших размеров и огромной продолжительности своего существования.

Вселенная не расширяется, как это утверждает наука. В ограниченном пространстве всегда наступает момент, когда движущиеся к центру пространства галактики продолжат своё инерционное движение от центра пространства к его границам. Это создает впечатление разбегания галактик (расширения Вселенной) от какого-то гипотетического Большого взрыва, происшедшего миллиарды лет назад.

Против гипотезы Большого взрыва свидетельствует и тот факт, что галактики разбегаются ускоренно, а не замедленно, как это должно быть при взрыве. Факт ускоренного расширения вселенной был обнаружен в конце прошлого столетия, что оказалось совершенно неожиданным для всех физиков. Однако, вместо того, чтобы отказаться от ложной гипотезы Большого взрыва, ускоренное расширение Вселенной было объяснено наличием неизвестной науке тёмной энергии, которая однородно наполняет пустое пространство и составляет 74% Вселенной [10].

 А в действительности, при приближении гигантских полей галактик к границам пространства происходит нарушение равновесия полей галактик. Со стороны границы пространства поля галактик не испытывают воздействия пра-эфира, которое они продолжают испытывать с противоположной стороны. Это приводит к появлению силы, направленной в сторону границы пространства. Эта сила ускоряет движение галактик в сторону границы пространства. Таким образом, границы материального пространства как магнит притягивают к себе приближающиеся к ним галактики.

Поле

Вместо множества известных науке типов полей в действительности существует только один тип поля. Это поле содержит вырожденные кванты пространства, концентрация которых убывает по мере удаления от центра тела. Кроме того, это поле не безгранично, а имеет свои границы, за пределами которых нет вырожденных квантов пространства.

КВАНТОВАННОСТЬ

Наука признаёт квантованность лишь тел, а в действительности квантованность является основным принципом творения. Поэтому квантованными являются не только структуры материи, но и все её формы существования и свойства материи: пространство, время, движение, масса, инерция, скорость, энергия и так далее. Иными словами, нет ничего непрерывного. Пространство, движение, время и так далее нам кажутся непрерывными из-за ничтожно малых размеров их квантов.

ПРОСТРАНСТВО

Пространство не непрерывно, а квантовано, как и всё творение. И оно не может искривляться под действием материи. Изменение траектории движения тел, пролетающих мимо огромного скопления массы, объясняется не искривлением пространства, а появлением силы при нарушении равновесия тела в поле пра-эфира. Поэтому искривление пространства является кажущимся.

Кроме того, кажущимся является и изотропность пространства. Пространство может быть изотропным только при его непрерывности. А квантованность не позволяет ему быть изотропным. Оно нам кажется изотропным, так как движения в разных направлениях отличаются не только траекториями, но и скоростями (чем длиннее траектория, тем больше и скорость движения).

Наконец, пространство не единое, а состоит из двух изолированных друг от друга полупространств. Эти полупространства позволяют объяснить истинную природу электрических зарядов и магнетизма. Кроме того, они легко объясняют происхождение антивещества и асимметрию вещества и антивещества во вселенной, что является одной из самых больших нерешённых задач физики [11].

МАССА

Масса тела не увеличивается при очень больших скоростях движения, а остаётся неизменной. Кажущийся рост массы при скоростях, приближающихся к скорости света, объясняется следующим образом. Каждое тело имеет свою предельную скорость движения, зависящую от массы тела (смотри выше параграф «Предельная скорость движения» главы 7 «Творение материи»). Чем больше масса тела, тем меньше предельная скорость его движения. И никакая сила не сможет заставить тело двигаться со скоростью, превышающей его предельную скорость. Это обстоятельство в теория относительности Эйнштейна объясняется резким ростом массы тела, что препятствует дальнейшему увеличению скорости движения.

ДВИЖЕНИЕ

Движение также не непрерывно, а квантовано. Аналогичное движение мы наблюдаем на экране кинотеатра, хотя на киноленте, как мы знаем, располагаются одни застывшие кадры, мало отличающиеся друг от друга. Это фактически означает, что движения как такового не существует, а существует лишь смена состояния среды. А это в свою очередь означает, что без среды движение невозможно:

> Как нет неясности без мути,
> Так нет и горя без беды.
> Как нет явления без сути,
> Так нет движенья без среды.

И этой средой является эфир. Однако, движение в теории относительности происходит без среды. Поэтому с появлением теории относительности эфир был благополучно похоронен.

Скорость света не является предельно возможность скоростью движения. Она является предельной для фотонов, а для частичек меньше фотона предельная скорость может быть выше. Такие частички, включая кванты материи, находятся в тёмной материи, которая составляет 85% всей грубой материи.

Траектория движения в квантованном пространстве представляет собой сложную линию, состоящую из участков винтовых и волновых линий (смотри параграф «Пространство» главы 7 «Творение материи»). Поэтому прямолинейное инерционное движение в действительности невозможно. Оно нам кажется прямолинейным из-за ничтожных размеров амплитуды волновых и диаметра винтовых линий.

В соответствии с теорией относительности при скоростях движения, близких к скорости света, сложение скоростей (при встречном движении) и вычитание скоростей (при попутном движении) не происходит. Иными словами, принцип относительности Галилея не соблюдается. А в действительности принцип относительности Галилея соблюдается. Независимость скорости света от движения источника света и наблюдателя является кажущейся. Объясняется это тем, что при движении материальной частицы в движущемся поле другого тела скорость её движения изменяется (при встречном движении скорость уменьшается, а при попутном - увеличивается). А изменение скорости движения частицы происходит именно благодаря соблюдению принципа относительности Галилея. Расстояние между квантами пространства, которые обмениваются своими состояниями (содержимыми), при встречном движении сокращается, а при попутном — увеличивается.

ВРЕМЯ

Время тоже квантовано. Оно не является непрерывным. Оно только кажется непрерывным, из-за очень малой продолжительности кванта времени. В соответствии с теорией относительности при скоростях, приближающихся к скорости света, время замедляется. Однако и это замедление времени является кажущимся. Объясняется это также, как и рост массы при скоростях, приближающихся к скорости света, предельной скоростью движения любого тела. Поскольку тело не может передвигаться со скоростью, превышающей её предельную скорость, в теория относительности масса тела увеличивается, а время замедляется, чтобы невозможно было превысить предельную скорость движения тела.

Взаимодействие

В соответствии с наукой все тела, благодаря наличию у них полей, непосредственно (то есть без участия посредника) взаимодействуют друг с другом. Причём оба тела имеют одну общую силу взаимодействия. В действительности тела непосредственно друг с другом не взаимодействуют, а на каждое тело с определённой силой может действовать лишь окружающий его пра-эфир (смотри параграф «Взаимодействие» главы 7 «Творение материи»).

Кроме того, наука признаёт наличие различных причин взаимодействия тел в зависимости от расстояния между ними. При больших расстояниях (в макромире) причиной является гравитация, при малых расстояниях (в микромире) — электромагнетизм, а внутри ядра атома — сильная и слабая ядерные силы. В действительности все эти четыре причины кажущиеся. Единственная причина возникновения силы, действующей на тело, происходит при нарушении равновесия этого тела в окружающем его пра-эфире. Это равновесие может быть нарушено только полем другого тела, оказавшегося в непосредственной близости от данного тела. При нарушении равновесия тела возникает сила, направляющая данное тело к другому телу, вызвавшему нарушение равновесия. Эта сила является единственной существующей в природе активной силой. Таким образом, другое тело только нарушает равновесие данного тела с пра-эфиром, а не взаимодействуют с ним непосредственно.

ЗАКОНЫ ПРИРОДЫ

В соответствии с наукой в материальной природе действует разные законы в зависимости от размеров и скоростей движения тел (законы Ньютона, законы Кулона, законы квантовой механики, законы теории относительности). В действительности в природе действует лишь один закон - закон воздействия пра-эфира на тело. Этот закон не зависит ни от размеров тела, не от скорости его движения.

ТЁМНАЯ ЭНЕРГИЯ

Неизвестная науке тёмная энергия — это есть пра-эфир. А ускорение расширения Вселенной объясняется не наличием тёмной энергии, а нарушением равновесия гигантских полей галактик, оказавшихся у границы пространства (смотри выше параграф «Разбегание галактик» главы 7 «Творения материи»).

ТЁМНАЯ МАТЕРИЯ

К неизвестной науке тёмной материи относятся мельчайшей частицы от кванта материи до известных науке элементарных частиц. Такие мельчайшие частицы составляют 85% всей грубой материи. По всей вероятности, большую часть тёмной материи составляют кванты материи аналогично тому, что во всей Вселенной на долю простейших атомов (атомов водорода) приходится около 88,6% всех атомов [13].

ГАЛАКТИКИ БЕЗ ТЁМНОЙ МАТЕРИИ

Галактики без тёмной материи ставят учёных в тупик. В действительности это явление легко объясняется. Так как тёмная материя — это мельчайшие частицы от кванта материи до элементарных частиц, то их количество сокращается и может даже полностью исчезнуть в процессе укрупнения частиц.

ПУСТЫЕ ПРОСТРАНСТВА

Так же легко объясняются и пустые пространства, вызывающие недоумение у учёных. Пустые пространства — это области пра-эфира, в которых пока не прошёл процесс материализации, поэтому там нет материи.

ЖИВЫЕ СУЩЕСТВА

В соответствии с научными представлениями простейшие живые организмы появились из неживой материи, а более сложные живые существа, включая человека, образовались из простых в результате эволюции. Поэтому они полностью состоят из грубой материи и после смерти исчезают навсегда. В действительности же, помимо грубо-материального тела, у живых существ есть и духовно-материальная душа, которая после смерти тела остается. Затем душа вселяется в новое тело и живёт в нём, пока тело не погибнет. И так происходит до тех пор, пока душа через миллиарды лет сама не погибнет.

ВЫВОДЫ

Таким образом, многие из основных положений современной науки на поверку оказываются кажущимися. Это говорит о том, что огромная польза человечеству от научных знаний не свидетельствует об их истинности. Примерами являются почти все научные теории, начиная с астрономии Птолемея и кончая теорией относительности Эйнштейна.

Гениальность Эйнштейна заключается не столько в том, что он создал теорию относительности, а сколько в том, что он был одним из первых, кто понял, что должна быть единственная причина всех взаимодействий в природе. Он был настолько в этом уверен, что последние 30 лет своей жизни он посвятил попыткам создать Единую теорию поля. Но, к сожалению, эта теория до сих пор ещё не создана, несмотря и на усилия его многочисленных последователей. Причину неудач можно объяснить следующим образом. Как нельзя целиком увидеть дом, не выходя из него, так и нельзя решить общую проблему в какой-то области, не выходя из этой области. Кстати, это признавал и сам Эйнштейн. Он утверждал, что «невозможно решить проблему на том же уровне, на котором она возникла». Поэтому при решении общих проблем (подобных Единой теории поля) следует отказаться от использования научной формы познания, которая скорее приносит пользу, чем выявляет истину. В таких случаях следует использовать научно-философскую форму познания, которая обладает достоинствами как научной, так и философской форм познания.

ЗАКЛЮЧЕНИЕ

На основании изложенной выше информации можно очень кратко описать один День, который длится миллиарды лет.

Наступает Утро очередного нового Дня, количество которых невозможно сосчитать. После Ночи, проведённой с Высочайшим духом в непроявленном состоянии, Высший дух порождает несчётное (но ограниченное) количество вечных (по своей природе) Индивидуальных духов — сущностей будущих живых существ (от простейших до нас — людей). Дальнейшее описание Индивидуальных духов будет касаться исключительно человека. С Индивидуальными духами других живых существ будут происходить аналогичные процессы, только в гораздо более упрощенном виде.

Мы пытаемся познать окружающую нас духовную природу. Но наше ограниченное сознание не позволяет нам познать и даже представить себе Высочайший и Высший духи. Оно может в очень искажённом виде отразить лишь нас самих. Это искажённое отражение и есть наша тонко-материальная личность. Личность субъективна, так как она находится лишь в нашем сознании. Но мы воспринимаем его как нечто объективное и привязываемся к нему. Так образуется наша душа. Личность не вечная, поскольку с наступлением Ночи она не может перейти в непроявленное состояние и погибает. Привязавшись к смертной личности, мы теряем своё природное бессмертие.

Затем вместе с Высочайшим духом Высший дух создаёт духовную сущность грубо-материальной природы. Проходит много времени, пока в духовной сущности материальной природы не появятся духовные сущности планет, звёзд и галактик. Мы же все эти духовные сущности воспринимаем как тела материальной природы. Каждый вид живого существа воспринимает материальную природу по-своему.

С появлением планет, в которых имеются благоприятные условия для жизни, Высший дух создаёт для нас физические тела. А Высочайший дух связывает наши души с этими физическими телами, чтобы мы могли использовать их в качестве инструмента в своей деятельности. Оказавшись в физическом теле, мы проживаем в нём одну жизнь до смерти нашего тела. Пока находимся в теле, наша личность изучает материальную природу. На основе полученных знаний личность изменяет материальную природу, чтобы создать более комфортные условия для жизни тела. К сожалению, у большинства людей активность их личности заглушает активность духа. Это приводит к низкому уровню духовности людей, что порождает несправедливость и войны. Но некоторые люди придают большое значение духовному развитию и повышает уровень своей духовности.

После смерти нашего физического тела, наша душа какое-то время ожидает появления нового подходящего для нас тела и вселяется в него. До наступления Ночи мы многократно вселяемся в новое тело и продолжаем повышать уровень интеллекта нашей личности. А те, кто придают большое значение духовному развитию, продолжают повышать уровень своей духовности.

Поэтому некоторым людям в одной из очередных жизней в теле удаётся добиться такого высокого уровня духовного развития, при котором они освобождаются от связи со своей личностью. Такие люди вновь обретают бессмертие, а их души больше не вселяются в тела. С наступлением Ночи личность такой души погибает, а дух сливается с вечным Высочайшим или Высшим духом. А души остальных людей с наступлением Ночи погибают. С гибелью людей исчезает и мнимый мир, который существовал лишь в их сознании.

ИСПОЛЬЗУЕМЫЕ ПОНЯТИЯ

Бытие — это объективная реальность.

Вещь — это любое понятие (предмет, процесс, качество и так далее).

Время — это продолжительность движения.

Вырожденный квант пространства — это квант пространства, в котором нет ни квантов материи, ни кванта эфира.

Движение — это смена состояния среды.

Действительность — это то, что сотворено Высочайшим и Высшим духами.

Дух — это уникальное бытие.

Духовная энергия — это способность духа к духовной деятельности.

Единство духа — это форма существования духа.

Изменяемость духа — это смена состояния духа.

Изотропность пространства — это свойство пространства, при котором движение не зависит от его направления.

Квант — это составная часть любой материальной структуры или качества, без которой эти структуры или качества существовать не могут.

Квантованный — это состоящий из квантов.

Материальная энергия — это способность материи к совершению работы.

Материя — это субъективная реальность, существующая лишь в нашем сознании.

Непроявленность и проявленность — это состояния духа.

Мы — это Индивидуальные духи.

Объективность — это независимость от нас.

Отражение, познание и творение реальности — это формы духовной деятельности.

Поле — это ограниченное пространство вокруг тела, в котором концентрации вырожденных квантов пространства уменьшается по мере удаления от центра тела.

Прана — это жизненная сила.

Причина — это то, из-за чего появилась вещь.

Проявленность и непроявленность — это состояния духа.

Реальность — это существующая вещь.

Следствие — это то, что появилось от вещи.

Сознание — это духовная энергия.

Состояние духа — это форма бытия.

Субъективность — это реальность, существующая лишь в сознании.

Сущность — это то, чем является вещь.

Тело — это материальный объект.

Триединство — это единство Высочайшего, Высшего и Индивидуальных духов.

Уникальность — это единственность.

Частица — это тело маленьких размеров.

Я — это Индивидуальный дух.

Явление — это то, чем вещь нам представляется.

Использованная литература

1. Кика. Новая форма познания (Москва, 2020 г.)

2. Википедия. Наука –
https://ru.wikipedia.org/wiki/Наука#Критика_науки_философами

3. Википедия. Индская цивилизация –
https://ru.wikipedia.org/wiki/Индская_цивилизация

4. Ситчин З. «Двенадцатая планета» – М. ЭКСМО,
2006. 132 с.

5. Википедия. Веды –
https://ru.wikipedia.org/wiki/Веды#Датировка_и_история_напи
сания_Вед

6. Википедия. Махабхарата –
https://ru.wikipedia.org/wiki/Махабхарата#Реальность_изложе
нных_событий

7. Википедия. Бхагавадгита –
https://ru.wikipedia.org/wiki/Бхагавадгита

8. Бхагавадгита (перевод с санскрита Д. Бурбы) –
М. РИПОЛ классик, 2009. - 560 с.

9. Астрономы обнаружили «великое ничто» –
https://www.rbc.ru/society/24/08/2007/5703c8b39a79470eaf766
a01

10. Википедия. Тёмная энергия –
https://ru.wikipedia.org/wiki/Тёмная_энергия

11. Антивещество – Википедия –
https://wp.wiki-wiki.ru/wp/index.php/Антивещество

12. Кика. Гипотеза Всеобщего взаимодействия. К вопросу создания единой теории поля (Москва, 2020 г.).

13. Википедия. Водород –
https://wp.wiki-wiki.ru/wp/index.php/Водород

ДРУГИЕ КНИГИ АВТОРА

1. Эзотерика. Сборник статей. Санкт-Петербург, 2017.

2. Истина и судьба. Сборник стихов. Москва, 2019.

3. Человек и его вселенная (изд. 2-е). Амазон, 2020.

4. Путь к бессмертию. Краткое пособие в вопросах и ответах. Москва, 2020.

5. Новая форма познания. Москва, 2020.

6. Hypothesis of universal interaction (on the question of the creation of a unified field theory). New York, 2020.

7. Гипотеза Всеобщего взаимодействия. К вопросу создания единой теории поля. Москва, 2020.

8. Путь к справедливости. Москва, 2020.

9. Кто есть человек. Москва, 2020.

10. Что есть что. Природа духа, человека и материи. Москва, 2021.

11. Истина внутри нас. Сборник стихов и катренов (изд. 3-е). Москва, 2022.

12. Путь к здоровью и счастью. Москва, 2022.

ПРОСЬБА К ЧИТАТЕЛЯМ

Если Вам понравилась эта книга, Вы сочли ее полезной или нет, я был бы очень признателен, если бы Вы разместили краткий обзор на Amazon. Я читаю все отзывы лично, чтобы постоянно писать то, что хотят люди. Спасибо за вашу поддержку!

www.ingramcontent.com/pod-product-compliance
Lightning Source LLC
Chambersburg PA
CBHW061631130726
47996CB00003B/1238